Fica conosco, Senhor

Dados Internacionais de Catalogação na Publicação (CIP)
(Câmara Brasileira do Livro, SP, Brasil)

Nouwen, Henri, 1932-1996
Fica conosco, Senhor : reflexão sobre a vida eucarística / Henri Nouwen ; tradução de Ann Mary Fighiera Perpétuo. – 2. ed. – Petrópolis, RJ : Vozes, 2025.

Título original: With burning hearts.
ISBN 978-85-326-7239-1

1. Ceia do Senhor – Igreja Católica – Meditações 2. Eucaristia – Celebração 3. Igreja Católica – Orações e devoções I. Perpétuo, Ann Mary Fighiera. II. Título.

25-275985 CDD-264.02036

Índices para catálogo sistemático:
1. Eucaristia : Igreja Católica : Cristianismo 264.02036

Eliete Marques da Silva – Bibliotecária – CRB-8/9380

HENRI J.M. NOUWEN

Fica conosco, Senhor

Reflexão sobre a vida eucarística

Tradução de Ann Mary Fighiera Perpétuo

EDITORA VOZES

Petrópolis

Tradução do original em inglês
intitulado *With burning hearts:*
A meditation on the Eucharistic life

Rua Frei Luís, 100
25689-900 Petrópolis, RJ
www.vozes.com.br
Brasil

Diagramação: Victor Maurício Bello
Revisão gráfica: Nilton Braz da Rocha
Capa: Paula Zettel

ISBN 978-85-326-7239-1 (Brasil)
ISBN 978-1-62698-210-9 (Estados Unidos)

Este livro foi publicado anteriormente, pela Editora Vozes, com o título *Corações ardentes – Uma reflexão sobre a vida eucarística.*

Este livro foi composto e impresso pela Editora Vozes Ltda.

Para Michael Harank e todos aqueles que vivem e trabalham na Bethany House of Hospitality, uma casa do trabalhador católico em Oakland, Califórnia, para pessoas sem lar que vivem com a Aids.

Sumário

Agradecimentos

Este livro foi escrito em Chobham, Inglaterra, e em Sacramento, na Califórnia. Bart e Patrícia Gavigan ofereceram-me seu encantador chalé no centro de conferências Brookplace e Frank Hamilton permitiu-me fazer uso da sua aconchegante casa na Base Beale da Força Aérea. Sou profundamente grato a estas pessoas especiais, não só por compreenderem minha necessidade de um espaço tranquilo, como também – e mais ainda – por sua amizade, que me foi um grande apoio.

Agradeço especialmente a Kathy Christie e Conrad Wieczorek por sua competente ajuda secretarial e editorial. A Sue Mosteller e Douglas Wiebe por seus comentários perspicazes quanto ao primeiro rascunho, e ao meu editor, Robert Ellsberg, pelo seu apoio pessoal, sugestões pertinentes e entusiasmo; este último, responsável por ter-me ajudado a completar este trabalho.

Este livro foi escrito porque simplesmente desejei escrevê-lo. Apesar de ninguém ter-me pedido que o fizesse, senti durante muito tempo a necessidade de colocar no papel pensamentos e sentimentos referentes à Eucaristia e à vida eucarística que brotavam em minha mente e meu coração. Quando comecei a apresentar estes pensamentos e sentimentos em palestras e conferências, senti um desejo crescente de reuni-los em um pequeno livro a fim de oferecê-los às pessoas em busca de uma vida espiritual enraizada na Eucaristia.

Espero que aqueles que leiam este livro aqui descubram uma nova fonte de estímulo na sua viagem de encontro a Deus.

Introdução

Celebro a Eucaristia todos os dias. Às vezes na igreja da minha paróquia com a presença de centenas de pessoas, às vezes na capela Daybreak com membros da minha comunidade, às vezes na suíte de um hotel com alguns amigos e, às vezes, na sala da casa do meu pai, somente para ele e para mim. Passam-se poucos dias sem que eu diga "Senhor, tende piedade", sem que faça as leituras diárias e algumas reflexões, sem uma profissão de fé, sem partilhar o corpo e sangue de Cristo e sem uma prece para que o dia seja produtivo.

Todavia, pergunto-me: Sei o que estou fazendo? Aqueles que se sentam em volta da mesa comigo sabem a que pertencem? Acontece realmente algo que molda nossas vidas diárias – apesar de ser tão familiar? E todos aqueles que não estão aqui conosco? A Eucaristia é algo que ainda conhecem, pensam a respeito ou desejam? De que maneira esta celebração diária está associada à vida cotidiana de homens e mulheres comuns, estando estes presentes ou não? Será que ela é mais que apenas uma bonita cerimônia, um ritual reconfortante ou uma rotina confortável?

E, finalmente, a Eucaristia oferece a vida, a vida que tem o poder de superar a morte?

Todas estas perguntas são muito reais para mim; elas imploram constantemente respostas. Ah, sim, tenho tido respostas, mas estas parecem ter uma existência muito longa no meu mundo em contínua mutação. A Eucaristia permeia o meu ser de sentido no mundo; mas, à medida que o mundo muda, será que a Eucaristia ainda é capaz de propiciar-lhe algum sentido? Já li muitos livros sobre a Eucaristia. Foram escritos a 10, 20, 30, até há 40 anos atrás. Apesar de fornecerem muitos *insights* profundos, não são mais capazes de ajudar-me a experienciar a Eucaristia como o centro da minha vida. Hoje as antigas perguntas estão novamente presentes: De que maneira minha vida como um todo pode ser eucarística e como a celebração diária da Eucaristia pode torná-la assim? Tenho que descobrir minha própria resposta. Sem esta resposta, a Eucaristia talvez não passe de uma bela tradição.

Este pequeno livro é uma tentativa de falar para mim mesmo e aos meus amigos sobre a Eucaristia, assim como quer também tecer uma rede de ligações entre a celebração diária da Eucaristia e nossa experiência humana cotidiana. Iniciamos cada celebração com o coração contrito e rezamos o *Kyrie eleison*. Ouvimos a Palavra de Deus – as leituras das escrituras e a homilia –, professamos nossa fé, oferecemos a Deus os frutos da terra e do trabalho das mãos humanas e recebemos de Deus o corpo e sangue de

Jesus e somos, finalmente, enviados para o mundo com a tarefa de renovarmos a face da terra. O evento eucarístico revela as experiências humanas mais profundas, aquelas que dizem respeito à tristeza, à atenciosidade, ao chamado, à intimidade e ao compromisso. Ele resume a vida a que somos chamados a viver em nome de Deus. Somente quando reconhecermos a rica rede de ligações entre a Eucaristia e a nossa vida é que a Eucaristia pode tornar-se "mundana" e nossa vida "eucarística".

Como base para minhas reflexões sobre a Eucaristia e a vida eucarística, farei uso da história de dois discípulos que caminharam de Jerusalém a Emaús fazendo, em seguida, o caminho de volta. Como a história refere-se à perda, à presença, ao chamado, à comunhão e à missão, ela abarca os cinco aspectos principais da celebração eucarística.

Juntos, estes formam um movimento, o movimento que parte do ressentimento e se transforma em gratidão, isto é, de um coração amargurado em um coração agradecido. Enquanto a Eucaristia expressa este movimento espiritual de uma maneira muito sucinta, a vida eucarística é aquela em que somos convidados a experienciar e confirmar este movimento em todos os momentos da nossa vida diária. Neste pequeno livro espero desenvolver os cinco passos desse movimento que parte do ressentimento e caminha até a gratidão de tal maneira que fique claro que aquilo que celebramos e aquilo a que somos chamados a viver são essencialmente uma única coisa.

O caminho para Emaús
(Lc 24,1-35)

Nesse mesmo dia [o primeiro da semana], dois dos discípulos estavam a caminho de um povoado, chamado Emaús, distante uns doze quilômetros de Jerusalém. Eles conversavam sobre todos estes acontecimentos. Enquanto conversavam e discutiam, o próprio Jesus se aproximou e pôs-se a acompanhá-los. Seus olhos, porém, estavam como que vendados e não o reconheceram. Perguntou-lhes então: "Que conversa é essa que tendes entre vós pelo caminho?" Tristes eles pararam. Tomando a palavra um deles, de nome Cléofas, respondeu: "Tu és o único peregrino em Jerusalém que ainda não sabe o que aconteceu lá nestes dias?" Ele perguntou: "O que foi?" Eles disseram: "A respeito de Jesus de Nazaré que tornou-se um profeta poderoso em obras e palavras diante de Deus e de todo o povo. Nossos sumos sacerdotes e nossos chefes o entregaram para ser condenado à morte e crucificado. Esperávamos que fosse Ele quem iria libertar Israel. Agora, porém, além de tudo, já passaram três dias desde que essas coisas aconteceram. É verdade que algumas de nossas mulheres nos assustaram. Elas tinham ido de madrugada ao túmulo e não encontraram o corpo. Voltaram dizendo que tinham tido uma aparição de anjos e que estes afirmaram estar Ele vivo. Alguns dos nossos foram ao túmulo, acharam tudo como as mulheres tinham dito; mas não o viram".

E Jesus lhes disse: "Ó homens sem inteligência e de coração lento para crer o que os profetas falaram. Não era necessário que o Cristo sofresse tudo isso para entrar na sua glória?" E, começando por Moisés e por todos os profetas, foi explicando tudo que a Ele se referia em todas as Escrituras. Quando se aproximaram do povoado para onde iam, Jesus fez menção de seguir adiante. Mas eles o obrigaram a parar: "Fica conosco, pois é tarde e o dia já está terminando". Ele entrou para ficar com eles.

E aconteceu que, enquanto estava com eles à mesa, tomou o pão, rezou a bênção, partiu-o e lhes deu. Então, abriram-se os olhos deles e o reconheceram, mas Ele desapareceu. Disseram então um para o outro: "Não nos ardia o coração quando pelo caminho nos falava e explicava as Escrituras?" Na mesma hora se levantaram e voltaram para Jerusalém. Lá encontraram reunidos os Onze e seus companheiros, que lhes disseram: "O Senhor ressuscitou de verdade e apareceu a Simão". Eles também começaram a contar o que tinha acontecido no caminho e como o reconheceram ao partir o pão.

I

Lamentando nossas perdas
"Senhor, tende piedade"

Duas pessoas caminham juntas. Podemos notar pela maneira em que caminham que não são felizes. Seus corpos estão curvados, suas faces abatidas, seus movimentos lentos. Seus olhares não se cruzam. Uma vez ou outra dizem uma palavra, mas estas não são dirigidas uma para a outra. Elas desaparecem no ar como ruídos inúteis. Apesar de seguirem o caminho sobre o qual caminham, parecem não ter uma meta. Retornam para casa, mas sua casa não é mais um lar. Simplesmente não têm para onde ir. O lar transformou-se em vazio, em desilusão, em desespero.

Mal conseguem se lembrar que foi somente há alguns anos que haviam encontrado uma pessoa que mudara suas vidas, alguém que interrompera radicalmente suas rotinas diárias, introduzindo uma vitalidade nova a cada parte da sua existência. Haviam abandonado sua vila, seguido aquele estranho e seus amigos, e descoberto uma realidade totalmente nova escondida debaixo do véu das suas atividades ordinárias – uma realidade na qual o perdão, a redenção e o amor não eram apenas meras palavras, mas poderes que tocavam a essência da sua humanidade. O estranho de Nazaré transformou tudo. Ele transformou-as em pessoas para quem o mundo não era mais um fardo, porém um desafio; não mais armadilha, mas um lugar com infinitas possibilidades. Ele trouxe alegria e paz à sua experiência cotidiana. Ele transformou suas vidas em uma festa!

Agora Ele está morto. Seu corpo que irradiara luz fora destruído sob as mãos dos seus torturadores. Seus membros foram tomados pelos instrumentos da violência e do ódio, seus olhos tornaram-se duas covas vazias, suas mãos perderam sua força, seus pés sua firmeza. Transformou-se num desconhecido entre desconhecidos. Tudo se reduzira a nada. Eles haviam-no perdido. Não só Ele, porém, juntamente com Ele, a si também. A energia que preenchera seus dias e noites abandonara-os completamente. Haviam se tornado dois seres humanos perdidos, caminhando para casa sem ter uma casa, retornando para aquilo que tornara-se uma lembrança sombria.

Somos, em muitas maneiras, como eles. Tomamos conhecimento do fato quando ousamos voltar nosso olhar para o centro do nosso ser e lá descobrimos que também estamos perdidos. Ou não estamos também perdidos?

Se há uma palavra que resume bem a nossa dor, é a palavra "perda". Perdemos tanta coisa! A vida parece, às vezes, somente uma longa sucessão de perdas. Quando nascemos perdemos a proteção do ventre, quando fomos para a escola perdemos a segurança da nossa vida familiar, quando conseguimos nosso primeiro emprego perdemos a liberdade da mocidade, quando nos casamos ou nos ordenamos perdemos a alegria de várias opções, e quando envelhecemos perdemos a juventude, nossos velhos amigos ou nossa fama. Quando adoecemos ou ficamos debilitados, perdemos nossa independência física; e quando, por fim, morrermos, perderemos ela totalmente! E estas perdas fazem parte da vida comum! Mas quem tem uma vida comum? As perdas que se instalam profundamente em nossos corações e mentes são a perda da intimidade através das separações, a perda da segurança através da violência, a perda da inocência através do abuso, a perda dos amigos através da traição, a perda do amor através do abandono, a perda do lar através da guerra, a perda do bem-estar através da fome, do calor e do frio, a perda do país através de convulsões políticas e a perda da vida através de terremotos, enchentes, desastres de avião, bombardeios e doenças.

Talvez muitas destas perdas obscuras ainda estejam distantes da maioria de nós; talvez pertençam ao universo dos jornais e das telas de televisão, porém ninguém escapa das perdas angustiantes que fazem parte da nossa existência cotidiana – a perda dos nossos sonhos. Acalentamos durante tanto tempo pensamentos sobre nós mesmos como pessoas bem-sucedidas, apreciadas e profundamente amadas. Tínhamos contado com uma vida generosa, de assistência e dedicação. Havíamos planejado sermos magnânimos, atenciosos e sempre ternos. A imagem que tínhamos de nós mesmos era a de conciliadores e apaziguadores. Mas de alguma maneira – nem sabemos ao certo o que aconteceu – perdemos nosso sonho. Transformamo-nos em pessoas preocupadas e ansiosas, apegadas às poucas coisas que reunimos, trocando informações entre nós acerca dos escândalos políticos, sociais e eclesiásticos do dia. É esta perda do espírito que é, com frequência, a mais difícil de ser reconhecida e a mais difícil de se admitir.

Mas, além de todas estas coisas há a perda da fé – a perda da convicção de que nossa vida tem sentido. Durante um certo período fomos capazes de suportar nossas perdas e até mesmo de vivê-las com coragem e perseverança, pois as vivíamos como perdas que nos aproximariam de Deus. A dor e o sofrimento da vida eram suportáveis, pois os experienciávamos enquanto maneiras de testar nossa força de vontade e aprofundar nossa convicção. Mas, à medida que envelhecemos, descobrimos que aquilo que nos amparou durante tantos anos – as orações, os cultos, os sacramentos, a vida comunitária e uma noção clara do amor inspirado de Deus – perdeu sua força sobre nós. Ideias por longo tempo alimentadas, disciplinas há muito praticadas e hábitos há muito mantidos da celebração da vida não são mais capazes de tocar os nossos corações, e não somos mais capazes de compreender por que e como éramos tão motivados. Lembramo-nos da época em que Jesus era uma figura tão real para nós que não questionávamos sua presença em nossas vidas. Ele era nosso amigo mais íntimo, nosso conselheiro e guia. Ele nos dava conforto, coragem e segurança. Podíamos senti-lo, prová-lo e tocá-lo. E agora? Já não pensamos muito sobre Ele, não desejamos mais passar muitas horas em sua presença. Já não temos mais aquele sentimento especial em relação a Ele. Até nos colocamos a pensar se Ele não passa de uma figura saída de um livro de histórias. Muitos dos nossos amigos riem dele, zombam do seu nome, ou simplesmente o ignoram. Percebemos, gradualmente, que também para nós Ele transformou-se em um estranho – e de alguma maneira o perdemos.

Não estou tentando sugerir que todas estas perdas tocarão a vida de cada um de nós. Mas, à medida que caminharmos juntos e ouvirmos uns aos outros, descobriremos em pouco tempo que muitas – se não a maioria – destas perdas fazem parte da viagem, da nossa própria viagem ou da viagem dos nossos companheiros.

O que devemos fazer com nossas perdas? Esta é a primeira questão com a qual somos enfrentados. Estamos escondendo-as? Viveremos como se estas não fossem reais? Manteremos elas longe dos nossos companheiros viajantes? Convenceremos a nós ou às outras pessoas que nossas perdas são pequenas se comparadas com os nossos ganhos? Será que culparemos alguém? Fazemos todas estas coisas a maior parte das vezes, mas existe outra possibilidade: a possibilidade de nos lamentarmos. Sim, devemos chorar as nossas perdas. Não podemos simplesmente espantá-las, mas podemos chorá-las e nos permitirmos lamentá-las profundamente. Lamentar é permitir que nossas perdas dilacerem os sentimentos de segurança e proteção e nos conduzam à verdade dolorosa da nossa existência precária. Nossa angústia faz com que experienciemos o abismo da nossa própria vida na qual nada está determinado, claro ou óbvio, porém em constante processo de mudança.

E, à medida que sentimos a dor das nossas perdas, nossos corações angustiados abrem nosso olho interior para um mundo no qual as perdas são sofridas muito além do nosso pequeno universo familiar, de amigos e colegas. É o mundo dos prisioneiros, dos refugiados, dos pacientes aidéticos, das crianças famintas e dos inúmeros seres humanos que vivem uma existência de medo constante. Desse modo, a dor dos nossos corações entristecidos nos põe em contato com os gemidos de uma humanidade que sofre. Nossa lamentação torna-se, então, maior do que nós mesmos.

Mas no centro de toda esta dor há uma voz estranha, chocante e até mesmo surpreendente. É a voz daquele que diz: "Bem-aventurados os que choram porque eles serão consolados". Esta é a novidade inesperada: há uma bênção oculta no nosso sofrimento. Não são aqueles que consolam que são abençoados, mas sim aqueles que choram! De alguma maneira, por trás das nossas lágrimas, há uma dádiva oculta. De alguma maneira, no meio da nossa lamentação, os primeiros passos da dança começam a ser ensaiados. De alguma maneira, as súplicas que brotam das nossas perdas pertencem às nossas canções de gratidão.

Chegamos à Eucaristia com nossos corações entristecidos pelas muitas perdas, tanto por aquelas que nos dizem respeito como por aquelas que se referem ao mundo. Como os dois discípulos que caminhavam de volta para sua aldeia, dizemos: "Tínhamos esperanças... porém perdemos as esperanças. Tormento e morte ocupam agora seu lugar". Nossas cabeças não estão mais erguidas, olhando para a frente, mas sim "abatidas" e voltadas para o chão.

É desse modo que a viagem se inicia. A questão é se nossas perdas conduzem ao ressentimento ou à gratidão. O rancor é uma opção real. Muitos o escolhem. Quando somos atingidos por uma perda após a outra, é muito fácil ficarmos desiludidos, irados, amargos e crescentemente ressentidos. Quanto mais velhos ficamos, maior é a tentação em dizermos: "A vida me trapaceou. Não há futuro para mim, não há nada por esperar. A única coisa que me resta fazer é defender o pouco que tenho, de modo que eu não perca tudo".

O rancor é uma das forças mais destrutivas em nossas vidas. É a raiva que se instala na essência do nosso ser e torna duros os nossos corações. O ressentimento pode transformar-se num modo de vida que permeia nossas palavras e atos de maneira que não mais o reconhecemos como tal.

Às vezes ponho-me a pensar como viveria se não houvesse ressentimento algum no meu coração. Estou tão habituado a falar sobre as pessoas das quais não gosto, a alimentar recordações sobre eventos que me causaram muita dor, ou a agir com desconfiança e medo, que não sei como seria se não existisse nada e ninguém em relação aos quais eu pudesse reclamar! Meu coração ainda possui muitos nichos que escondem os meus rancores e fico imaginando se realmente desejo livrar-me deles. O que faria sem estes rancores? E existem muitos momentos na vida em que tenho a oportunidade para estimulá-los. Antes do café da manhã já se passaram por mim muitos sentimentos de desconfiança e inveja, muitos pensamentos sobre pessoas que eu prefiro evitar, e muitos planos pequenos de como viver meu dia de uma maneira segura.

Pergunto-me se existe alguém que não tenha ressentimento. O ressentimento é uma resposta por demais óbvia às nossas muitas perdas. A tragédia é que muitos rancores são escondidos dentro da Igreja. Este é um dos aspectos mais confusos da comunidade cristã.

A Eucaristia oferece, contudo, ainda outra opção. É a possibilidade de escolher, não o rancor, mas sim a gratidão. Lamentar as nossas perdas é o primeiro passo que damos para nos afastarmos do ressentimento e caminharmos em direção à gratidão. As lágrimas que vertemos podem suavizar nossos corações insensíveis e abrir-nos a possibilidade de dizermos "obrigado".

A palavra "Eucaristia" significa, literalmente, "ação de graças". Celebrar a Eucaristia e viver uma vida eucarística tem tudo a ver com a gratidão. Viver eucaristicamente é viver a vida como uma dádiva, uma dádiva pela qual somos gratos. Mas a gratidão não é a resposta mais óbvia à vida, certamente não quando experienciamos a vida como uma série de perdas! Todavia, o grande mistério que celebramos na Eucaristia e vivemos em uma vida eucarística é precisamente que, através da lamentação das nossas perdas, passamos a conhecer a vida como uma dádiva. A beleza e preciosidade da vida está intimamente associada à sua fragilidade e mortalidade. Podemos experienciar este aspecto todos os dias – quando tomamos uma flor em nossas mãos, quando observamos uma borboleta dançando no ar, quando afagamos um bebê. A fragilidade e a dádiva estão aí presentes e nossa alegria relaciona-se com ambas estas facetas.

Cada Eucaristia inicia-se com uma súplica pela piedade de Deus. Não há, provavelmente, nenhuma prece na história do cristianismo que tenha sido tão frequente e intimamente orada como a prece "Senhor, tende piedade!" Esta é a oração que não só se encontra no início de todas as liturgias eucarísticas do Ocidente, como também ressoa como uma súplica contínua através de todas as liturgias orientais. Senhor, tende piedade, *Kyrie eleison, Gospody pomiloe.* É a voz do povo de Deus, a súplica de um povo com o coração contrito.

Esta súplica por piedade é possível somente quando nos encontramos dispostos a confessar que de alguma maneira, em algum lugar, nós mesmos temos algo a ver com as nossas perdas. Suplicar por misericórdia é reconhecer que culpar a Deus, ao mundo, aos outros por nossas perdas não condiz com a verdade de quem somos na realidade. No momento em que nos dispomos a assumir a responsabilidade, mesmo pela dor que não causamos diretamente, a culpa é convertida no reconhecimento do nosso próprio papel na imperfeição humana. A prece pela misericórdia de Deus parte de um coração que sabe que esta imperfeição humana não é uma condição fatal da qual somos tristes vítimas, porém o fruto amargo da escolha humana de dizer "não" ao amor. Os discípulos que voltavam para casa de Emaús estavam entristecidos pois haviam perdido aquele no qual tinham depositado toda sua esperança, mas estavam também profundamente conscientes de que seus próprios líderes o haviam crucificado. Sabiam de alguma maneira que o seu pesar estava associado com o seu mal, um mal que eram capazes de reconhecer em seus próprios corações.

Celebrar a Eucaristia requer que vivamos neste mundo aceitando nossa corresponsabilidade pelo mal que nos cerca e permeia. Enquanto permanecermos presos às nossas reclamações de como é terrível a época em que vivemos e de como são terríveis as situações que temos que suportar e como é terrível o destino que sofremos, jamais chegaremos à contrição. E a contrição só pode brotar em um coração contrito. Quando nossas perdas são puramente parte do destino, nossos ganhos são sorte pura! O destino não conduz à contrição, nem tampouco a sorte à gratidão.

Na verdade, os conflitos nas nossas vidas pessoais, assim como os conflitos nas escalas regional, nacional ou mundial, são *nossos* conflitos, e somente por assumir responsabilidade por estes é que poderemos ultrapassá-los – escolhendo uma vida de perdão, paz e amor.

O *Kyrie eleison* – Senhor, tende piedade – deve emergir de um coração arrependido. Contrastando com o coração insensível, um coração contrito é um coração que não culpa, porém reconhece sua própria parte nos pecados do mundo e, desta maneira, torna-se aberto para receber a misericórdia de Deus.

Ainda me lembro de uma reflexão à noite em uma televisão holandesa durante a qual o orador, derramando água sobre um solo seco e endurecido, disse: "Olhem, o solo não é capaz de receber água e nenhuma semente poderá crescer aqui". Em seguida, após esfarelar a terra com as mãos e despejando água novamente, disse: "Somente o solo partido é capaz de receber água e fazer com que a semente cresça e dê frutos".

Depois de ver isto é que compreendi o que significava começar a Eucaristia com um coração contrito, um coração aberto para receber a graça de Deus.

Mas como é possível iniciar uma celebração de ação de graças com um coração partido? Será que o reconhecimento da nossa condição pecaminosa e a consciência da nossa corresponsabilidade pelo mal no mundo não nos tornam impotentes? Não será que uma verdadeira confissão de pecados é realmente algo que nos fragiliza? Sim, é! Porém nenhum pecado pode ser enfrentado sem algum reconhecimento da graça de Deus. Nenhuma perda pode ser lamentada sem alguma intuição de que encontraremos uma vida nova.

Quando os discípulos que caminhavam para Emaús contaram a história da sua grande perda, narraram, também, aquela estranha história sobre as mulheres que haviam encontrado a sepultura vazia e da visão dos anjos. Mas eles mostraram-se céticos e desconfiados. Mas Ele não fora crucificado há alguns dias? Tudo não havia terminado? O mal não vencera, finalmente? E que história era esta das mulheres dizendo que Ele estava vivo? Quem poderia levar esta notícia a sério? Porém disseram novamente: "Alguns dos nossos foram ao sepulcro, acharam tudo como as mulheres tinham dito; mas não o viram!"

É deste modo que geralmente abordamos a Eucaristia. Com uma estranha mistura de desesperança e esperança. Uma parte de nós mesmos olha para a nossa própria vida e as vidas daqueles que nos cercam, e diz: "Esqueçamos de tudo isto. Está tudo acabado. É claro que esperávamos um mundo melhor, que imaginávamos uma comunidade de amor, e sonhávamos em um tempo no qual todas as pessoas viveriam juntas em paz. Mas a verdade nos alcançou. Sabemos agora que tudo isto não passou de uma mera ilusão. Nosso caráter imutável e maus hábitos persistentes, nossas invejas e rancores, nossos momentos de raiva e vingança, nossa violência incontrolável, os inúmeros sinais da crueldade humana, os crimes, a tortura, as guerras, as explorações – tudo isso certamente nos despertou para a verdade dolorosa que nossas esperanças da juventude foram crucificadas".

E, no entanto, as outras histórias permanecem e continuam surgindo. Histórias acerca de algumas pessoas que viram as coisas de uma maneira diferente; histórias sobre gestos de perdão e assistência, histórias sobre a bondade, a beleza e a verdade. E, ao ouvirmos atentamente as vozes internas no nosso coração, percebemos que debaixo do ceticismo e cinismo há uma ânsia de amor, unidade e comunhão que não nos abandona mesmo quando existem tantos argumentos para afastá-los como meras lembranças da infância.

"Senhor, tende piedade! Senhor, tende piedade! Senhor, tende piedade", Esta é a prece que continua brotando do mais íntimo do nosso ser, ultrapassando as barreiras do cinismo. Sim, somos pecadores, pecadores incorrigíveis; tudo está perdido e nada restou dos nossos sonhos e esperanças. Todavia, há ainda uma voz: "Minha graça é o bastante para você!", e suplicamos novamente pela cura dos nossos corações cínicos e ousamos crer que, de fato, no meio da nossa lamentação, possamos encontrar uma dádiva pela qual seremos gratos. Mas para esta descoberta precisamos de um companheiro especial!

II

Discernindo a Presença
"Esta é a Palavra de Deus"

Enquanto os dois viajantes caminham para casa lamentando sua perda, Jesus surge e caminha ao seu lado, porém seus olhos não são capazes de reconhecê-lo. De repente, não são mais duas pessoas caminhando, mas três, e tudo torna-se diferente. Os dois amigos não deitam mais o olhar ao chão à sua frente, mas sim nos olhos do estranho que uniu-se a eles e perguntou: "Que conversa é essa que tendes entre vós enquanto caminhais?" Há alguma surpresa, até mesmo agitação: "És tu o único forasteiro que não sabe o que aconteceu?" Em seguida, há o desenrolar de uma longa história: a história da perda, a história da notícia confusa sobre uma sepultura vazia. Eis, enfim, uma pessoa que pode ouvir, alguém que está disposto a ouvir as palavras da desilusão, da tristeza e da confusão total. Nada parece fazer sentido. Mas é melhor contar a história a um estranho do que repetir os fatos conhecidos um ao outro.

Então, algo acontece! Alguma coisa muda. O estranho começa a falar, e suas palavras exigem atenção total. Ouvira a eles; agora ouviriam a Ele. Suas palavras são muito claras e diretas. Fala de coisas que já sabiam: seu longo passado com tudo que acontecera durante os séculos antes de terem nascido, a história de Moisés que conduziu seu povo para a liberdade e a história dos profetas que desafiaram seu povo a jamais abrirem mão da sua liberdade duramente conquistada. Era uma história que lhes era totalmente familiar. Contudo, era como se estivessem ouvindo-a pela primeira vez.

A diferença encontrava-se no narrador! Um estranho que surgira do nada e, no entanto, alguém que, de alguma maneira, parecia mais próximo do que qualquer outra pessoa que já contara esta história. A perda, a dor, a culpa, o medo, os lampejos de esperança e as muitas perguntas não respondidas que disputavam a atenção em suas mentes inquietas, todas foram levantadas por este estranho e colocadas no contexto de uma história muito maior que a deles. Aquilo que parecera tão confuso, apresentava, agora, perspectivas novas; o que parecera tão opressivo, começou a dar uma sensação de desprendimento; o que parecera tão absolutamente triste, passou a assumir a qualidade de alegria! À medida que falava com eles, passaram, paulatinamente, a reconhecer que suas pequenas vidas não eram tão pequenas quanto haviam imaginado, porém faziam parte de um grande mistério que não só abarcava muitas gerações, como estendia-se de eternidade a eternidade.

O estranho não afirmou que não havia nenhum motivo para a tristeza, mas que sua tristeza fazia parte de uma tristeza maior na qual a alegria encontrava-se oculta. O estranho não declarou que a morte que lamentavam não era real, mas que era uma morte que inaugurava uma vida ainda maior – uma vida verdadeira. O estranho não disse que haviam perdido um amigo que os dera coragem e esperanças renovadas, mas que esta perda criaria o caminho para um relacionamento muito além de qualquer amizade que já haviam experienciado. Em nenhum momento o estranho negou aquilo que lhe disseram. Ao contrário, afirmou sua narrativa como sendo parte de um evento muito maior, no qual eram permitidos a desempenhar um papel único.

Não obstante, esta não era uma conversa reconfortante. O estranho era uma figura forte, direta e não emotiva. Não faziam parte da conversa consolos fáceis. Parecia que ele penetrava em suas queixas com uma verdade que talvez preferissem não conhecer. Afinal, reclamar continuamente é mais interessante que enfrentar a realidade. Mas o estranho não estava nem um pouco amedrontado em deitar por terra suas defesas e de chamá-los para muito além das limitações dos seus corações e mentes.

"Ó homens sem inteligência", disse Ele. "E de coração lento para crer". Estas palavras atingiram diretamente os corações dos dois homens. "Homens sem inteligência" é uma expressão dura, uma expressão que nos ofende, fazendo com que nos tornemos defensivos. No entanto, ela é capaz, também, de destruir a barreira do medo e da estreiteza e conduzir a um conhecimento totalmente novo do ser humano. É um chamado para que se desperte, um arrancar de vendas, uma retirada de mecanismos de proteção inúteis. Ó homens sem inteligência, não veem – não ouvem – não sabem vocês? Têm estado a olhar um pequeno arbusto, não percebendo que encontram-se no topo de uma montanha que lhes oferece uma visão ampla do mundo. Têm estado a contemplar o obstáculo, sem vontade de considerar que este obstáculo foi ali colocado para mostrar-lhes o caminho certo. Têm estado a reclamar das suas perdas, não percebendo que estas perdas ali estão para capacitá-los a receber o dom da vida.

O estranho chamou-os de "homens sem inteligência" a fim de fazê-los ver. E qual é o desafio? O de confiar. Eles não confiavam que suas experiências fossem mais do que a experiência de uma perda irrecuperável. Não acreditavam que não havia nada mais a fazer do que ir para casa e retomar sua vida habitual. "Ó homens sem inteligência... de coração lento para crer". Lentos para acreditarem; lentos para confiarem no esquema maior das coisas; lentos para superarem suas muitas queixas e descobrirem o espectro amplo de novas oportunidades; lentos para ultrapassarem as dores do momento e vê-las como parte de um processo de recuperação muito maior do ser humano.

Esta lentidão não é uma lentidão inocente, pois ela pode manter-nos presos às nossas reclamações e estreiteza de mente. É a lentidão que pode impedir-nos de descobrir a perspectiva na qual vivemos. É possível chegar ao final das nossas vidas sem sabermos quem somos e em que devemos nos transformar. A vida é curta. Não podemos esperar, simplesmente, que o pouco que enxergamos, ouvimos e experienciamos irá revelar-nos a totalidade da nossa existência. Nossa visão é por demais curta e nossa audição muito limitada para esperar que isto aconteça. Alguém tem que abrir os nossos olhos e ajudar-nos a descobrir o que se encontra além da nossa percepção. Alguém tem que fazer com que nossos corações ardam!

Jesus junta-se a nós enquanto caminhamos entristecidos e nos explica as Escrituras. Porém, não sabemos que este homem é Jesus. Consideramos Ele um estranho que sabe menos do que nós acerca daquilo que se passa em nossas vidas. E, no entanto, sabemos alguma coisa, sentimos alguma coisa, intuímos alguma coisa: nossos corações começam a arder. No momento exato em que se encontra conosco não somos capazes de compreender totalmente o que está acontecendo. Não conseguimos falar sobre isto um ao outro. Depois, sim, mais tarde, quando tudo se passou, talvez sejamos capazes de dizer: “Não nos ardia o coração quando pelo caminho nos falava e explicava as Escrituras?” Mas, quando Ele caminha conosco, a experiência imediata dificulta nossa reflexão.

É com esta presença misteriosa que o “serviço da Palavra” durante cada Eucaristia quer colocar-nos em contato, e é esta mesma presença misteriosa que nos é constantemente revelada ao vivermos eucaristicamente. As leituras dos Antigo e Novo Testamentos e a homilia que acompanha estas leituras são a nós concedidas para que sejamos capazes de discernir sua presença quando Ele caminha conosco em nossa tristeza. A cada dia há uma leitura diferente; a cada dia há uma diferente palavra de explicação ou exortação. Existem palavras para nos acompanhar todos os dias. Não podemos viver sem palavras que vêm de Deus, sem palavras que nos tirem da nossa tristeza e nos elevem a um lugar onde possamos descobrir que estamos vivendo verdadeiramente.

É importante saber que, apesar destas palavras – lidas ou escritas – lá estarem para nos informar, instruir ou inspirar, seu significado primeiro é de serem o veículo para que Jesus se apresente a nós. Na nossa viagem, Jesus nos explica as passagens que falam a seu respeito. Independentemente de termos lido o livro do Êxodo, os Salmos, os profetas ou os evangelhos, todos lá se encontram para fazer nossos corações arderem. A presença eucarística é, acima de tudo, uma presença que se faz através da palavra. Sem esta presença através da palavra não seremos capazes de reconhecer sua presença no momento em que parte o pão.

Vivemos em um mundo onde as palavras se banalizaram. Somos envolvidos pelas palavras. Em anúncios sobre cartazes e sinais de trânsito, em panfletos, livros e folhetos, sobre quadros-negros, telas e telões. As palavras se movimentam, saltam diante dos nossos olhos, giram, crescem mais brilhantes e vivas. São apresentadas a nós em todas as cores e tamanhos – mas dizemos, finalmente: "Bem, não passam de palavras". Crescentes em seu número, as palavras decresceram em valor. Seu principal valor parece ser informativo. As palavras nos informam. Precisamos de palavras a fim de sabermos o que fazer ou como fazê-lo, onde irmos ou como lá chegarmos.

Não é de causar espanto, portanto, que as palavras na Eucaristia sejam ouvidas basicamente como palavras que nos informam. Elas nos contam uma história, nos instruem, nos advertem. Considerando que a maioria de nós já ouviu estas palavras anteriormente, raramente elas nos tocam em profundidade. Com frequência, mal prestamos atenção a elas; tornaram-se por demais familiares. Não esperamos sermos surpreendidos ou comovidos por elas. Ouvimo-las como se fossem "aquela mesma história de sempre" – independentemente de estarem sendo lidas de um livro ou pronunciadas de um púlpito.

A tragédia é que a palavra, então, perde sua qualidade de sacramento. A Palavra de Deus é um sacramento. Isto significa que é sagrada, e enquanto uma palavra sagrada ela torna presente aquilo que indica. Quando Jesus dirigiu a palavra aos dois viajantes entristecidos na estrada e explicou-lhes as palavras das Escrituras que referiam-se a Ele, seus corações começaram a arder, ou seja, experienciaram sua presença. Ao falar de si mesmo tornou-se presente a eles. Com suas palavras fez muito mais do que simplesmente provocar que pensassem sobre Ele, ou instruí-los a seu respeito, ou inspirá-los com sua memória. Através das suas palavras tornou-se de fato presente a eles. É a isto que nos referimos quanto à qualidade sacramental da palavra. A palavra cria aquilo que expressa. A palavra de

Deus sempre é sacramental. No livro do Gênesis é dito a nós que Deus criou o mundo, mas em hebraico as palavras para "falar" e para "criar" são a mesma palavra. Traduzido literalmente diz: "Deus disse: 'Faça-se a luz!' E a luz se fez". Para Deus, falar é criar. Quando afirmamos que a palavra de Deus é sagrada, estamos querendo dizer que a palavra de Deus está plena da presença de Deus. Na estrada para Emaús, Jesus tornou-se presente através da sua palavra, e foi esta presença que transformou a tristeza em alegria e a lamentação em festa. É isto o que ocorre em cada Eucaristia. A palavra que é lida e pronunciada nos conduz à presença de Deus e transforma nossos corações e mentes. Consideramos, frequentemente, a palavra como uma exortação para sairmos e mudarmos nossas vidas. Mas o poder total da palavra encontra-se não em como aplicamos ela às nossas vidas depois de a ouvirmos, porém no poder de transformação que possui seu poder divino enquanto a ouvimos.

Os evangelhos estão repletos de exemplos da presença de Deus através da palavra. Pessoalmente, sempre sinto-me tocado pela história de Jesus na sinagoga de Nazaré. Lá, Ele leu do livro do Profeta Isaías:

> O Espírito do Senhor está sobre mim, porque Ele me ungiu para anunciar a boa-nova aos pobres; enviou-me para proclamar aos aprisionados a libertação, aos cegos a recuperação da vista, para pôr em liberdade os oprimidos, e para anunciar um ano da graça do Senhor (Lc 4,18-19).

Após a leitura destas palavras, disse Jesus: "Hoje se cumpriu esta passagem da Escritura que acabais de ouvir". Fica claro, subitamente, que os pobres, os prisioneiros, os cegos e os oprimidos não são as pessoas que encontram-se em algum lugar do lado de fora da sinagoga que, algum dia, serão libertados; são as pessoas que estão ouvindo. E é quando nos dispomos a ouvir que Deus torna-se presente e nos cura.

A Palavra de Deus não é uma palavra para ser empregada em nossas vidas diárias em alguma data posterior; é a palavra que irá nos recuperar quando nos colocamos a ouvir aqui e agora.

As perguntas são, portanto, as seguintes: De que maneira Deus se faz presente a mim enquanto ouço a sua palavra? Onde serei capaz de discernir a mão de Deus me tocando através da palavra? De que modo minha tristeza, minha dor e minha lamentação podem ser transformadas exatamente neste momento? Sou capaz de sentir o calor do amor de Deus purificando meu coração e renovando minha vida? Estas perguntas conduzem ao sacramento da palavra, ao lugar sagrado da verdadeira presença de Deus.

De início, isto pode parecer bastante inusitado para uma pessoa que vive em uma sociedade na qual o valor fundamental da palavra é sua aplicabilidade. Mas a maioria de nós já conhece, em geral inconscientemente, o poder de salvação e destruição da palavra falada. Quando alguém diz a mim "Eu amo você", ou "Eu odeio você", não estou simplesmente recebendo alguma informação útil.

Estas palavras *causam* algo em mim. Fazem com que o meu sangue movimente-se, que meu coração bata, que a minha respiração se acelere. Fazem com que eu sinta e pense de maneira diferente. Elas me conduzem a uma nova maneira de ser e me fornecem um outro conhecimento a meu próprio respeito. Estas palavras possuem o poder de salvar-me ou destruir-me.

Quando Jesus se junta a nós na estrada e nos explica as Escrituras, devemos ouvi-lo com todo o nosso ser, confiantes de que a palavra que nos criou irá, também, salvar-nos. Deus quer tornar-se presente a nós e, desse modo, transformar radicalmente nossos corações amedrontados.

A qualidade sacramental da palavra torna Deus presente não só como uma presença pessoal e íntima, mas também como uma presença que nos oferece um lugar na grande história da salvação. O Deus que torna-se presente a nós não é somente o Deus do nosso coração, mas também o Deus de Abraão e Sara, de Isaac e Rebeca, de Jacó e Lia, o Deus de Isaías e Jeremias, o Deus de Davi e Salomão, o Deus de Pedro e Paulo, de São Francisco e de Dorothy Day – o Deus cujo amor universal é revelado a nós através de Jesus, o companheiro em nossa viagem.

A palavra da Eucaristia faz com que sejamos parte da grande história da nossa salvação. Nossas pequenas histórias são absorvidas na grande história de Deus, lá recebendo seu próprio lugar. O mundo nos eleva e nos faz ver que nossas vidas diárias e comuns são, na verdade, vidas sagradas que desempenham um papel necessário na realização das promessas de Deus. A palavra escrita e falada da Eucaristia permite-nos dizer juntamente com Maria: "Ele olhou para a humildade de sua serva. Eis que desde agora me chamarão feliz todas as gerações, porque grandes coisas fez em mim o Poderoso... lembrando da sua misericórdia, segundo o que prometera a nossos pais, em favor de Abraão e de sua descendência para sempre".

Notamos aqui que a Eucaristia, como a celebramos na liturgia sagrada, nos convida para a vida eucarística, uma vida na qual permanecemos constantemente conscientes do nosso papel na história sagrada da presença de Deus que nos redime por todas as gerações. A grande tentação das nossas vidas é negar nosso papel como o povo eleito e, desta maneira, permitir que nos prendamos às preocupações das nossas vidas cotidianas. Sem a palavra que continuamente nos eleva à condição do povo eleito de Deus, permanecemos, ou nos transformamos em pessoas menores, presas às reclamações que brotam da nossa luta diária para sobrevivermos. Sem a palavra que faz com que nossos corações ardam não podemos fazer mais do que apenas caminharmos para casa, resignados ao triste fato de que não há nada de novo debaixo do sol. Sem a palavra, nossa vida tem pouco sentido, pouca vitalidade e pouca energia. Sem a palavra permanecemos pessoas menores com preocupações pequenas, vivendo vidas pequenas e morrendo mortes pequenas. Sem a palavra, talvez sejamos notícia em um jornal local – ou mesmo nacional – por um dia ou dois, porém não existirão gerações que nos chamarão de pessoas sagradas. Sem a palavra, nossas dores e tristezas isoladas podem extinguir o Espírito que há dentro de nós, tornando-nos vítimas da amargura e do ressentimento.

Precisamos da palavra falada e explicada por aquele que junta-se a nós na estrada, tornando sua presença conhecida – uma presença que é discernida, inicialmente, em nossos corações ardentes. É esta presença que nos estimula a refletirmos sobre nossos corações insensíveis e sermos agradecidos. Enquanto pessoas gratas podemos convidar para a intimidade do nosso lar aquele que fez com que nossos corações ardessem.

III

Convidando o desconhecido
"Eu creio"

Enquanto escutam o desconhecido, algo muda no interior dos dois viajantes entristecidos. Não só sentem uma esperança e alegria novas tocando o seu íntimo, como também sua caminhada tornou-se menos hesitante. O desconhecido deu-lhes um novo senso de direção. "Voltar para casa" não significa mais retornar ao único lugar que lhes resta. O lar é mais do que apenas um abrigo necessário, uma casa onde podem permanecer enquanto não souberem o que fazer. O desconhecido revestiu sua viagem com um novo significado. Suas casas vazias transformaram-se em um local que lhes é bem-vindo, um lugar para receber as pessoas, um espaço para dar continuidade à conversação que começou de maneira tão inesperada.

Quando sentimos somente nossas perdas, então tudo ao nosso redor nos remete a elas. As árvores, as flores, as nuvens, as montanhas e os vales refletem todos nossa tristeza. Todos estão tristes. Quando nossa mais cara amiga morreu, toda a natureza fala dela. O vento murmura o seu nome, os galhos, pesados com folhas, choram por ela e as dálias e os rododendros oferecem novas pétalas para cobrir o seu corpo. Mas, à medida que seguimos adiante com alguém ao nosso lado, abrindo nosso coração para a verdade misteriosa que a morte da nossa amiga não é somente o fim, mas, também, um novo início, que não é somente a crueldade do destino, mas o caminho necessário para a liberdade, que não é somente uma horrível e medonha destruição, porém um sofrimento que conduz à glória, podemos, então, gradualmente discernir uma nova canção ressoando através da criação, e o voltar para casa corresponde ao desejo mais profundo em nossos corações.

Entre todas as palavras ditas pelo estranho, há uma que se destaca na mente dos viajantes: "Glória". "Então não era necessário que o Cristo padecesse todas essas coisas e entrasse na glória?" Seus corações e mentes ainda estavam totalmente tomados pelas imagens da morte e destruição. E agora, diante deles, estava esta palavra "Glória". Não parecia adequada e, no entanto, pronunciada por este estranho, acendeu seus corações, fazendo com que vissem aquilo que não conseguiram enxergar anteriormente. Era como se fossem capazes de ver somente o estrume que cobria o solo e jamais os frutos que pendiam das árvores. A glória, a luz, o esplendor, a beleza, a verdade – todos pareciam tão irreais e inalcançáveis! Porém, havia agora novos sons no ar e novas cores a colorir os campos. Voltar para casa transformara-se em uma perspectiva agradável. O lar nos chama. O lar é onde encontra-se a mesa – a mesa ao redor da qual sentamos, comemos e bebemos com os amigos!

E o desconhecido? Ele também não transformou-se em um amigo? Ele faz com que nossos corações ardam, abre os nossos olhos e ouvidos. É o nosso companheiro ao longo da viagem! A casa transformou-se em um lugar agradável para que o amigo possa ser recebido. Eles dizem, portanto: "Fica conosco, pois é tarde e o dia já declina". Ele não pede para ser convidado. Ele não demonstra que gostaria de um lugar onde pudesse descansar. Na verdade, Ele age como se desejasse continuar a caminhada. Mas eles insistem que entre, renovando o convite. Ele aceita. Entra e fica com eles.

Talvez não consideramos habitualmente a Eucaristia como um convite para que Jesus permaneça conosco. Somos mais inclinados a pensar acerca de Jesus nos convidando para sua casa e sua mesa. Porém Jesus quer ser convidado. Sem um convite Ele irá para outros lugares. É muito importante perceber que Jesus jamais se impõe a nós. A menos que o convidemos, Ele permanecerá sempre um desconhecido, possivelmente um estranho muito inteligente e atraente com o qual tivemos uma conversa muito interessante mas, não obstante, um estranho.

Mesmo depois que Ele acabou com grande parte da nossa tristeza e mostrou-nos que nossas vidas não são tão insignificantes e pequenas como havíamos imaginado, Ele pode permanecer, ainda, como aquele com quem nos encontramos na estrada, a pessoa notável que cruzou nosso caminho, falando conosco, uma personalidade extraordinária sobre a qual podemos falar à nossa família e amigos.

Guardo muitas lembranças de encontros com pessoas que fizeram meu coração arder, mas que eu não convidei para a minha casa. Acontece, às vezes, durante uma viagem longa de avião, às vezes em um trem, outras em uma festa. Depois, digo aos meus amigos: "Deixe-me contar a vocês sobre a pessoa que conheci hoje. Uma pessoa extremamente fascinante. Disse coisas tão admiráveis que eu não era capaz de acreditar naquilo que ouvia. Era como se me conhecesse intimamente. Sim, ele realmente era capaz de ler os meus pensamentos e falar comigo como se me conhecesse há muito tempo. Muito especial, uma experiência única, algo bastante surpreendente. Queria tanto que você pudesse tê-lo conhecido! Mas ele se foi... e eu não sei para onde!"

Por mais que possam parecer interessantes e estimulantes estes estranhos, quando não os convido para dentro da minha casa, nada acontece verdadeiramente. Talvez eu tenha algumas ideias novas, porém minha vida permanece basicamente a mesma. Sem um convite, que é a expressão do desejo por um relacionamento duradouro, as boas-novas que ouvimos não são capazes de gerar frutos constantes. Permanecem apenas "notícias", mescladas entre os muitos tipos de notícias com as quais somos bombardeados todos os dias.

É uma das características da nossa sociedade contemporânea que os encontros, por melhores que sejam, não se transformam em relacionamentos profundos. Desse modo, nossa vida é repleta de bons conselhos, ideias úteis, perspectivas maravilhosas, porém estas são simplesmente acrescentadas a muitas outras ideias e perspectivas deixando-nos, portanto, "livres". Em uma sociedade com tal sobrecarga de informações, até mesmo os encontros mais significativos podem ser reduzidos a eventos meramente interessantes entre muitas outras coisas interessantes.

Somente com um convite, "venha e passe alguns dias comigo", é possível que um encontro interessante se transforme em um relacionamento passível de gerar transformações.

Um dos momentos mais decisivos da Eucaristia – e da nossa vida – é o momento do convite. Dizemos: "Foi maravilhoso conhecer você, obrigado por seus *insights,* seus conselhos e seu estímulo. Espero que o restante da sua viagem transcorra bem. Adeus!" Ou dizemos: "Ouvi você, meu coração está mudando... por favor, venha à minha casa e veja como e onde vivo!" Este convite para vir e ver é o convite da transformação.

Jesus é uma pessoa muito interessante; suas palavras primam pela sabedoria. Sua presença é reconfortante. Sua ternura e bondade são profundamente tocantes. Sua mensagem nos desafia a cada momento. Mas, j á o convidamos a entrar em nossa casa? Desejamos que Ele nos conheça por trás das paredes da nossa existência mais íntima? É nosso desejo apresentá-lo a todas as pessoas com as quais vivemos? Queremos que Ele nos toque onde somos mais vulneráveis? Queremos que Ele entre nos quartos dos fundos dos nossos lares, quartos estes que nós mesmos preferimos manter seguramente trancados? Desejamos verdadeiramente que Ele fique conosco quando a noite cai e o dia está prestes a se encerrar?

A Eucaristia necessita deste convite. Após ouvir a sua palavra temos que ser capazes de dizer mais do que apenas: "Como isto é interessante!" Temos que ousar dizer: "Confio em você; confio todo o meu ser, corpo, mente e alma a você. Não quero guardar quaisquer segredos de você. Você pode ver tudo que faço e ouvir tudo o que digo. Não quero que permaneça mais como um estranho. Quero que você se torne o meu amigo mais íntimo. Quero que me conheça, não só enquanto caminho pela minha estrada e converso com os meus amigos viajantes, mas também quando encontro-me sozinho com os meus pensamentos e sentimentos mais íntimos. E, acima de tudo, quero conhecê-lo, não só como o meu companheiro de viagem, como também o companheiro da minha alma".

Dizer isto não é fácil, pois temos medo e não confiamos com facilidade cada parte do nosso ser a outras pessoas. O medo que temos de nos abrirmos ficando, desse modo, vulneráveis, é equivalente ao nosso desejo de conhecermos e sermos conhecidos.

Escondo até de mim mesmo algumas partes de mim! Há pensamentos, sentimentos e emoções que me são tão perturbadores que prefiro viver como se não existissem.

Se não confio em mim mesmo, como posso confiar em outra pessoa? Não obstante, o meu maior desejo é amar e ser amado, e isto somente é possível quando eu me disponho a conhecer e a ser conhecido.

Jesus revela-se a nós como o Bom Pastor que conhece-nos intimamente e nos ama. Mas será que desejamos ser conhecidos por Ele? É nosso desejo deixá-lo caminhar livremente por cada compartimento das nossas vidas interiores? Queremos que Ele veja nossas facetas obscuras, assim como as boas, nossa sombra e nossa luz? Finalmente, a pergunta que permanece é a seguinte: "Será que realmente confiamos nele, sendo capazes de confiar cada parte de nós mesmos a Ele?"

Quando, após as leituras e a homilia, dizemos: "Creio em Deus, Pai, Filho e Espírito Santo, na comunhão dos santos, na remissão dos pecados, na ressurreição da carne e na vida eterna", convidamos Jesus a entrar no nosso lar e nos entregamos ao seu caminho.

Enquanto um momento da celebração eucarística e, ainda mais, da nossa vida eucarística, o Credo é muito mais do que apenas um resumo da doutrina da Igreja. É uma profissão de fé. E "fé", como nos mostra a palavra grega *pistis,* é um ato de confiança. É o grande "sim". "Sim" àquele que nos explicou as Escrituras como Escrituras que falam a seu respeito. E este "sim" pleno, não somente às palavras que Ele disse, mas, também, àquele que as pronunciou que nos conduz, finalmente, à mesa. Se somos capazes de dizer: "Sim, confiamos em você e confiamos nossas vidas a você", estamos indo além de simplesmente caminhar em direção à sua presença; ousamos nos abrir em comunhão com Ele.

Os dois amigos viajantes convidam, de fato, e insistem para que o desconhecido fique com eles. "Seja nosso convidado", dizem. Querem ser seus anfitriões. Convidam o estranho a deixar de ser um desconhecido e a tornar-se seu amigo. Esta é a verdadeira hospitalidade, o oferecimento de um lugar seguro, onde um estranho possa transformar-se em um amigo. Haviam dois amigos e um estranho. Porém, agora, existem três amigos partilhando a mesma mesa.

A mesa é o lugar da intimidade. Ao redor da mesa descobrimos uns aos outros. É o local onde rezamos. É o local onde perguntamos: "Como foi o seu dia?" É o lugar onde comemos e bebemos juntos e dizemos: "Coma e beba mais um pouco!" É o espaço de histórias antigas e novas. É o lugar de sorrisos e lágrimas. A mesa é, também, o lugar onde a distância é mais dolorosamente sentida. É o lugar onde as crianças sentem a tensão entre seus pais, onde irmãos e irmãs expressam suas raivas e ciúmes, onde acusações são feitas, e onde pratos e copos transformam-se em instrumentos da violência. Ao redor da mesa sabemos se há amizade e comunidade ou ódio e divisão. Precisamente porque a mesa é o local de intimidade de todos os membros da casa; é, também, o lugar onde a ausência desta intimidade revela-se mais dolorosamente.

Quando, certa noite antes da sua morte, Jesus reuniu- se com seus discípulos ao redor da mesa, Ele revelou tanto intimidade quanto distanciamento. Partilhou o pão e o vinho como um sinal de amizade, no entanto disse, também: "Eis, porém, que a mão de quem me trai está comigo à mesa".

Quando penso sobre a minha própria juventude, recordo-me com maior frequência das nossas refeições em família, especialmente nos dias de festa. Lembro-me das decorações de Natal, dos bolos de aniversário, das velas de Páscoa e dos rostos sorridentes. Mas recordo-me, também, de palavras iradas, do distanciamento, das lágrimas, do constrangimento e dos silêncios aparentemente intermináveis.

Somos mais vulneráveis quando dormimos ou comemos juntos. A cama e a mesa são dois lugares íntimos, assim como dois lugares de extrema dor. E, talvez, entre estes dois lugares, a mesa seja a mais importante porque é o lugar onde todos aqueles que pertencem a casa se reúnem e onde a família, a comunidade, a amizade, a hospitalidade e a verdadeira generosidade podem ser autenticamente expressadas.

Jesus aceita o convite para entrar na casa dos companheiros viajantes e senta-se à mesa com eles. Oferecem-no o lugar de honra. Ele senta-se ao centro. Eles ao seu lado. Eles olham para Ele. Jesus também olha para eles. Há intimidade, amizade, comunidade. Então, algo novo acontece. Algo que quase não se faz notar pelo olhar desatento. Jesus é o convidado dos seus discípulos, mas, assim que entra na casa deles, Ele transforma-se em anfitrião! E, como seu anfitrião, convida-os a comungarem plenamente com Ele.

IV

O espírito da Comunhão
"Tomai e comei"

Quando Jesus entra na casa dos seus discípulos, esta transforma-se em sua casa. O convidado transforma-se no anfitrião. Aquele que foi convidado passa a convidar. Os dois discípulos que confiaram o suficiente no estranho para permitir que entrasse em seu espaço íntimo são agora apresentados à vida íntima do seu anfitrião. "E aconteceu que, estando com eles à mesa, tomou o pão, rezou a bênção, partiu-o e lhes deu". Tão simples, tão comum, tão óbvio e, no entanto, tão diferente! O que mais podemos fazer quando partilhamos pão com os nossos amigos? Tomamos o pão, o abençoamos, partimo-lo e o distribuímos entre as pessoas. O pão é para atender a esta função: para ser tomado, abençoado, partido e dado. Nada de novo, nada surpreendente. Acontece todos os dias, em inúmeras casas. Pertence à essência do viver. Não podemos realmente viver sem um pão que seja tomado, abençoado, partido e dado. Sem ele não há fraternidade à mesa, não há comunidade, nenhum laço de amizade, não há paz, amor ou esperança. Todavia, com ele, tudo pode transformar-se!

Talvez tenhamos nos esquecido que a Eucaristia é um gesto humano simples. As vestimentas, as velas, os coroinhas, os livros grandes, os braços estendidos, o altar amplo, as canções, as pessoas – nada parece ser muito simples, muito comum, muito óbvio. Necessitamos, frequentemente, de um folheto para acompanharmos a cerimônia e compreendermos seu significado. Contudo, nada tem motivo para ser diferente daquilo que aconteceu na pequena aldeia entre os três amigos. Há pão sobre a mesa; há vinho na mesa. O pão é tomado, abençoado, partido e distribuído. O vinho é tomado, abençoado e dado. Isto é o que acontece ao redor de cada mesa que busca ser uma mesa de paz.

Todas as vezes que convidamos Jesus para entrar em nossos lares, ou seja, para dentro da nossa vida com todas as suas facetas obscuras e iluminadas e oferecemos a ele o lugar de honra à nossa mesa, Ele toma o pão e o vinho e diz: "Tomai e comei, este é o meu corpo. Tomai e bebei, este é o meu sangue. Fazei isto em minha memória". Sentimo-nos surpresos? Na realidade, não! Nosso coração não ardia quando Ele dirigiu-se a nós na estrada? Já não sabíamos que Ele não era um estranho para nós? Já não havíamos percebido que aquele que fora crucificado pelos nossos líderes encontrava-se vivo e entre nós? Já não o víramos antes tomar o pão, abençoá-lo, parti-lo e distribuí-lo entre nós? Ele assim fez diante da enorme multidão que ouvira horas a sua palavra, fez isto na sala superior antes de Judas entregá-lo ao seu sofrimento e fez isto incontáveis vezes quando chegamos ao final de um longo dia e Ele une-se a nós ao redor da mesa para uma refeição simples.

A Eucaristia é o gesto mais simples e mais divino que possa ser imaginado. É a verdade de Jesus. Tão humano e, no entanto, tão divino; tão familiar, todavia tão misterioso; tão próximo e, contudo, tão revelador! Mas, esta é a história de Jesus que, "Ele, subsistindo na condição de Deus, não se apegou à sua igualdade com Deus. Mas esvaziou-se a si mesmo, assumindo a condição de escravo, tornando-se solidário com os seres humanos. E, apresentando-se como simples homem, humilhou-se, feito obediente até a morte, até a morte numa cruz" (Fl 2,6-8). É a história de Deus que quer aproximar-se de nós, de tal maneira que possamos vê-lo com os nossos próprios olhos, ouvi-lo com os nossos próprios ouvidos, tocá-lo com as nossas próprias mãos; aproximar-se de modo que não exista nada entre Ele e nós, nada que separe, nada que divida, nada que crie distanciamentos.

Jesus é Deus-para-nós, Deus-conosco, Deus-dentro-de-nós. Jesus é Deus entregando-se completamente, derramando-se sobre nós sem a menor reserva. Jesus não se contém ou se prende aos seus bens. Ele dá tudo que há para ser dado. "Comei e bebei, este é o meu corpo, este é o meu sangue... este sou eu para você!"

Todos conhecemos este desejo de nos darmos à mesa. Dizemos: "Coma e beba; fiz isto para você. Sirva-se novamente; é tudo para você, para o seu fortalecimento e prazer, para que saiba o quanto amo você". O que desejamos não é simplesmente oferecer alimentos, mas dar a nós mesmos. "Seja o meu convidado", dizemos. E quando estimulamos nossos amigos a comerem na nossa mesa, estamos intimamente dizendo: "Seja meu amigo, seja meu companheiro, seja o meu amor – seja parte da minha vida quero dar-me a você".

Na Eucaristia Jesus dá tudo. O pão não é simplesmente um sinal do seu desejo em transformar-se no nosso alimento; o vinho não é meramente um sinal da sua vontade de ser nossa bebida. O pão e o vinho *transformaram-se* em seu corpo e sangue durante a oferenda. O pão é, de fato, seu corpo que nos é dado; o vinho, seu sangue derramado sobre nós. Quando Deus se faz totalmente presente a nós em Jesus, do mesmo modo Jesus se faz totalmente presente a nós no pão e no vinho da Eucaristia. Deus não fez-se, simplesmente, carne a nós há muitos anos em um país distante. Deus é alimento e bebida agora para nós neste momento da celebração eucarística, exatamente onde estamos reunidos ao redor da mesa. Deus não se contém; Deus tudo dá. Este é o mistério na Encarnação. Este é, também, o mistério da Eucaristia. A Encarnação e a Eucaristia são duas expressões do imenso amor de Deus.

E, assim, o sacrifício da cruz e o sacrifício da mesa são um único sacrifício, completo e divino, que estende-se a toda a humanidade através do tempo e do espaço.

A palavra que melhor expressa este mistério do amor abnegado de Deus é "comunhão". É a palavra que contém a verdade que, em e através de Jesus, Deus deseja não só instruir-nos, ensinar-nos ou inspirar-nos, mas tornar-se um conosco. Deus deseja estar plenamente unido a nós para que Ele e nós possamos estar unidos em um amor duradouro. Toda a longa história do relacionamento de Deus com nós seres humanos é uma história de uma comunhão cada vez mais profunda. Não é simplesmente uma história de uniões, separações e restauração das uniões, porém uma história na qual Deus busca caminhos sempre novos para comungar intimamente com aqueles criados à própria imagem de Deus.

Agostinho disse: "Minha alma está inquieta até que descanse em ti, ó Deus", mas quando analiso a tortuosa história da nossa própria salvação, percebo que não só ansiamos por pertencer a Deus, mas também que Deus anseia pertencer a nós. É como se Deus rogasse a nós: "Meu coração está inquieto até que descanse em ti, minha adorada criação". Desde Adão e Eva a Abraão e Sara, de Abraão e Sara a Davi e Betsabeia, e de Davi e Betsabeia a Jesus e desde sempre, Deus suplica para ser recebido pelos seus. "Criei vocês, dei-lhes todo o meu amor, orientei vocês, ofereci-lhes meu apoio, prometi-lhes a realização dos desejos dos seus corações: Onde estão vocês, onde está sua resposta, onde está seu amor? O que mais devo fazer para que me amem? Eu não desistirei, continuarei tentando. Algum dia descobrirão como anseio pelo seu amor!"

Deus deseja comunhão: uma unidade que é vital, uma intimidade que brota de ambos os lados, um laço que é verdadeiramente mútuo. Nada é forçado; trata-se de uma comunhão livremente oferecida e recebida. Deus tudo faz para tornar esta comunhão possível. Deus toma-se uma criança dependente do carinho humano, um menino necessitado de orientação, um professor em busca de alunos, um profeta clamando por discípulos e, finalmente, um homem morto atravessado pela lança de um soldado e deitado em uma sepultura. Ao final da história, Ele olha para nós e pergunta-nos com os olhos cheios de esperança: "Você me ama?" E novamente: "Você me ama?" E uma terceira vez: "Você me ama?"

É este desejo intenso de Deus em criar um relacionamento mais íntimo conosco que forma a essência da celebração eucarística e da vida eucarística. Deus não só deseja entrar na história humana ao tornar-se uma pessoa que vive em uma época e em um país específicos, como também quer transformar-se em nossa comida e bebida diárias, em qualquer lugar e em todos os momentos.

Assim, Jesus toma o pão, abençoa-o, parte-o e dá-o a nós. E, então, quando vemos o pão em nossas mãos e o trazemos às nossas bocas para comê-lo é que nossos olhos se abrem e o reconhecemos.

A Eucaristia é o reconhecimento. É a percepção total que aquele que toma, abençoa, parte e dá é aquele que, desde o início dos tempos, desejou comungar conosco. A comunhão é aquilo que Deus deseja e aquilo que nós desejamos. É a súplica mais profunda do coração de Deus e do nosso, pois abrigamos um coração que só pode satisfazer-se por aquele que criou-o. Deus criou em nosso coração um anseio pela comunhão que ninguém – a não ser Ele – pode e quer realizar. Deus sabe isto. Nós raramente sabemos disto. Continuamos buscando em outras partes esta experiência de pertencer a alguma coisa. Contemplamos o esplendor da natureza, a comoção da história e a simpatia das pessoas, mas aquele simples ato de partir o pão, tão comum e pouco espetacular, parece um momento muito pouco provável onde possamos encontrar a comunhão pela qual tanto ansiamos. Contudo, se nos lamentamos das nossas perdas, ouvimos Ele na estrada e convidamo-lo para entrar em nossa existência mais íntima; saberemos que a comunhão que estamos esperando receber é a mesma comunhão que Ele espera oferecer.

Há uma frase na história de Emaús que nos conduz direto ao mistério da comunhão. É a frase: "...e o reconheceram, mas Ele desapareceu". No mesmo instante em que os dois amigos reconhecem-no quando parte o pão, Ele não está mais lá com eles. Quando o pão é distribuído para ser comido, não o veem mais sentando à mesa. Quando comem, Ele tornou-se invisível. Quando entram na comunhão mais íntima com Jesus, o estranho – transformado em amigo – não está mais presente com eles. Precisamente quando sua presença torna-se mais acentuada, Ele torna-se também um ser ausente.

Aqui estamos diante de um dos aspectos mais sagrados da Eucaristia: o mistério que a comunhão mais íntima com Jesus é uma comunhão que ocorre em sua ausência. Os dois discípulos que caminharam pela estrada para Emaús ouviram-no durante muitas horas, caminharam ao seu lado vila após vila, ajudaram-no em sua pregação, descansaram e comeram com Ele. Todas as suas esperanças por um futuro melhor concentravam-se nele. Todavia... eles nunca o conheceram totalmente, jamais o compreenderam completamente. Frequentemente dizia a eles: "Agora não compreendeis, mas depois compreenderão". Eles não sabiam ao certo o que Ele estava tentando dizer. Acreditavam que eram mais íntimos dele do que de qualquer outra pessoa que conheciam. No entanto, Ele continuava dizendo: "Digo-lhes isto agora... para que depois, quando não estiver mais com vocês, vocês se lembrem e compreendam". Um dia Ele até dissera que seria bom que partisse para que o seu Espírito pudesse voltar e conduzi-los à intimidade plena com Ele. Seu Espírito abriria os seus olhos, fazendo-os compreender plenamente quem é e por que veio a estar com eles.

Durante todo o tempo em que passara com os discípulos não ocorrera uma comunhão plena. Sim, tinham estado com Ele e sentado aos seus pés; sim, foram seus discípulos, até mesmo seus amigos. Porém, ainda não haviam comungado plenamente com Ele. Seu corpo e sangue ainda não haviam se tornado uma só coisa. De muitas maneiras, Ele ainda permanecia o outro, aquele ali, aquele que segue adiante deles, indicando-lhes o caminho. Mas, quando comem o pão que Ele lhes dá e reconhecem-no, este reconhecimento é a percepção espiritual profunda de que agora Ele habita em sua existência mais íntima; que agora respira neles, fala através deles, sim, vive neles. Quando comem o pão que Ele lhes oferece, suas vidas transformam-se em sua vida. Não são mais eles que vivem, mas Jesus, o Cristo, que vive neles. E exatamente neste momento mais sagrado da comunhão Ele desaparece.

É isto que experienciamos na celebração eucarística. É isto, também, que experimentamos quando vivemos uma vida eucarística. É uma comunhão tão íntima, tão sagrada e tão espiritual que nossos sentidos corporais são ultrapassados. Não somos mais capazes de vê-lo através dos nossos olhos mortais, ouvi-lo com nossos ouvidos mortais ou tocá-lo com os nossos corpos mortais. Habita em um lugar dentro de nós onde o poder das trevas e do mal não são capazes de alcançar, onde não há acesso para a morte.

Quando volta-se a nós e deposita o pão em nossas mãos e traz o vinho aos nossos lábios, Jesus nos pede para abrirmos mão da amizade mais superficial que tivemos com Ele até agora, assim como para abrirmos mão dos sentimentos, emoções e até pensamentos que pertencem a esta amizade. Quando comemos do seu corpo e bebemos do seu sangue, aceitamos a solidão de não o termos mais à nossa mesa como um companheiro em nossas conversas, ajudando-nos a lidar com as perdas da nossa vida diária.

É a solidão da vida espiritual, a solidão de saber que Ele está mais próximo a nós do que nós mesmos. É a solidão da fé.

Continuaremos suplicando, "Senhor, tende piedade"; continuaremos ouvindo às Escrituras e ao seu significado; continuaremos dizendo: "Sim, eu creio". Mas a comunhão com Ele vai muito além disso. Conduz-nos ao lugar onde a luz cega os nossos olhos e onde todo o nosso ser está envolto em não ver. É neste lugar de comunhão que clamamos: "Deus, meu Deus, por que me abandonastes?" É neste lugar, também, que nosso vazio leva-nos a rezar: "Pai, em vossas mãos entrego o meu Espírito".

A comunhão com Jesus significa nos tornarmos como Ele. Somos, com Ele, pregados à cruz, com Ele somos deitados na sepultura, com Ele revivemos para acompanharmos viajantes perdidos em sua viagem. A comunhão, quando nos tornamos Cristo, nos conduz a uma nova existência. Introduz-nos no Reino. Lá as antigas distinções entre felicidade e tristeza, sucesso e fracasso, louvor e culpa, saúde e doença, vida e morte, não mais existem. Lá não pertencemos mais ao mundo que divide, julga, separa e avalia. Lá pertencemos a Cristo e Cristo a nós, e com Cristo pertencemos a Deus. De repente os dois discípulos, que comeram o pão e reconheceram-no, estão novamente sozinhos. Mas não estão solitários como quando iniciaram sua viagem. Estão sós, juntos, e sabem que uma nova ligação foi criada entre eles. Não olham mais para o chão com expressões abatidas. Olham um para o outro e dizem:

"Não nos ardia o coração quando pelo caminho nos falava e explicava as Escrituras?"

A comunhão cria a comunidade. Cristo, ao habitar neles, uniu-os de uma maneira nova. O Espírito do Cristo ressuscitado, que entrou neles através do pão e do vinho, não só permitiu-lhes reconhecer o próprio Cristo, como também uns aos outros como membros de uma nova comunidade de fé. A comunhão faz com que olhemos uns para os outros e falemos não acerca das últimas notícias, mas sobre Ele que caminhou conosco. Descobrimos uns aos outros como pessoas que lhe pertencem juntas, pois cada um de nós pertence agora a Ele. Estamos sós, pois Ele desapareceu, porém estamos juntos porque cada um de nós está em comunhão com Ele e, desse modo, tomamo-nos um só corpo através dele.

Comemos do seu corpo e bebemos do seu sangue. Ao fazê-lo, todos nós que tomamos do mesmo pão e do mesmo vinho, tornamo-nos um só corpo. A comunhão cria a comunidade, pois o Deus que em nós habita faz com que reconheçamos o Deus em nossos pares. Não somos capazes de ver Deus na outra pessoa. Somente o Deus dentro de nós é capaz de ver Deus na outra pessoa. É isto que queremos dizer quando declaramos: "O Espírito fala ao Espírito, o Coração fala ao Coração, Deus fala a Deus". Nossa participação na vida íntima de Deus nos conduz a um novo modo de participação na vida das outras pessoas.

Isto pode parecer muito "irreal", mas, quando vivemos esta realidade, ela torna-se mais real do que a "realidade" do mundo. Como diz Paulo: "O cálice de bênção que abençoamos não é a comunhão com o sangue de Cristo? E o pão que partimos não é a comunhão com o corpo de Cristo? Uma vez que há um só pão, nós formamos um só corpo, embora sejamos muitos, pois todos participamos do mesmo pão" (1Cor 10,16-17).

Este novo corpo é um corpo espiritual, modelado pelo Espírito do amor. Ele se manifesta de maneiras muito concretas: no perdão, na reconciliação, no apoio mútuo, na ajuda às pessoas em necessidade, na solidariedade com todos aqueles que sofrem e na preocupação cada vez maior pela justiça e pela paz. Desse modo, a comunhão não só cria a comunidade, como a comunidade conduz sempre à missão.

V

Cumprindo uma missão
"Ide e dizei"

Tudo mudou. Não sentimos mais as perdas como debilitantes; nossa casa não é mais um lugar sem vida. Os dois viajantes que iniciaram sua viagem com expressões abatidas agora olham um para o outro com olhos transbordantes de luz nova. O desconhecido, que transformou-se em amigo, deu-lhes seu espírito, o espírito divino da alegria, da paz, da coragem, da esperança e do amor. Não há a menor dúvida em suas mentes: Ele está vivo! Não vivo como antes, não como o fascinante pregador e promotor de curas de Nazaré, porém vivo como um novo sopro de vida dentro deles. Cléofas e seu amigo tiveram sua existência renovada. Um novo coração e um novo espírito foram dados a eles. Tornaram-se, também, novos amigos um para o outro – não eram mais apenas pessoas que oferecem um ao outro consolo e apoio em suas perdas, mas pessoas com uma missão nova que, juntos, têm algo a dizer, algo importante, algo urgente, algo que não pode permanecer oculto, algo que deve ser anunciado. Têm, felizmente, um ao outro.

Ninguém acreditaria em somente um deles. Mas, quando falam juntos, as pessoas pararão para ouvi-los.

As outras pessoas precisam saber, pois elas também depositaram todas as suas esperanças nele. Há os onze que comeram com Ele na noite antes da sua morte; há os discípulos, as mulheres e os homens que o acompanharam durante anos. Precisam saber o que aconteceu com eles. Precisam saber que não está tudo acabado. Precisam saber que Ele está vivo e que reconheceram-no quando passou o pão para eles. Não há tempo a perder. "Rápido", dizem um ao outro. Calçam, rapidamente, suas sandálias, agarram os seus casacos e bastões, e procuram os seus amigos, procuram aqueles que talvez ainda não saibam que as mulheres, que ouviram os anjos dizerem que Ele está vivo, estavam certas. A história resume tudo em poucas palavras: "Na mesma hora se levantaram e voltaram para Jerusalém".

Que diferença entre sua "ida para casa" e sua volta. É a diferença entre a dúvida e a fé, entre o desespero e a esperança, entre o medo e o amor. É a diferença entre dois seres humanos desalentados, arrastando-se ao longo do caminho e dois amigos caminhando em largas passadas, às vezes até correndo, ambos animados acerca da notícia que desejam dar aos seus amigos.

Retornar à cidade representa perigo. Após a morte de Jesus, seus discípulos estão amedrontados. Colocam-se a pensar qual poderá ser sua sorte. Mas, depois de reconhecerem o seu Senhor, seu medo desaparece e passam a ficar livres para testemunhar a ressurreição – apesar do que isso possa significar. Estão cientes de que as mesmas pessoas que odiavam Jesus podem odiá-los, que as mesmas pessoas que mataram Jesus podem, também, matá-los. Sua volta pode, de fato, custar-lhes suas vidas. Podem ser solicitados a testemunhar, não somente com palavras, mas com o seu próprio sangue. Mas eles não temem mais o martírio. O Senhor ressuscitado, presente em seu ser mais íntimo, encheu-os com um amor mais forte do que a morte. Nada pode detê-los de voltar para casa, mesmo quando a casa não representa mais um lugar "seguro".

A Eucaristia conclui com uma missão. "Ide agora e dizei!" As palavras em latim "Ite missa est", com as quais o padre costumava concluir a missa, significam literalmente: "Vá, esta é a sua missão".

A comunhão não é o fim. A missão é. A comunhão, a intimidade sagrada com Deus, não é o momento final da vida eucarística. Reconhecemos Ele, porém este reconhecimento não é somente para nós saborearmos ou mantermos em segredo. Como Maria de Magdala, também os dois amigos ouviram no seu íntimo as palavras "Ide e dizei". Esta é a conclusão da celebração eucarística; este é, também, o chamado final da vida eucarística. "Ide e dizei. Aquilo que viste e ouviste não é somente para ti. É para as irmãs e os irmãos e para todos que estão prontos para receber esta mensagem. Vá, não se demore, não espere, não hesite, mas vá agora e retorne aos lugares dos quais veio e faça saber àqueles que deixou em seus esconderijos de que não há nada a temer, que Ele ressuscitou."

É importante perceber que a missão é, antes de mais nada, uma missão dirigida àqueles que não nos são desconhecidos. Conhecem-nos e, como nós, ouviram sobre Jesus, porém encontram-se desanimados. A missão é sempre, em primeiro lugar, para os nossos, nossa família, nossos amigos, aqueles que constituem uma parte íntima das nossas vidas. Esta não é uma percepção muito confortável. Sempre acho mais difícil falar sobre Jesus àqueles que me conhecem intimamente do que àqueles que jamais lidaram com minhas "maneiras peculiares de ser". Não obstante, temos aqui um grande desafio diante de nós. De alguma maneira, a autenticidade da nossa experiência é testada pelos nossos pais, nossos esposos e esposas, nossos filhos, nossos irmãos e irmãs, todos aqueles que nos conhecem muito bem.

Ouviremos, muitas vezes: "Lá está ele a falar novamente. Lá está ela a discursar novamente. Já conhecemos isso. Já vimos toda esta animação antes. Isto passará... como passou antes". Frequentemente há muita verdade nisso. Por que devem confiar em nós quando chegamos todos excitados em casa? Por que deveriam nos levar a sério? Não somos tão dignos de confiança assim; afinal, não somos tão diferentes do resto da nossa família e dos nossos amigos. Ademais, o mundo está repleto de histórias, cheio de rumores, de pregadores e evangélicos. Há bons motivos para um pouco de ceticismo. Aqueles que não nos acompanharam à Eucaristia não são melhores ou piores do que nós mesmos. Ouviram sobre a história de

Jesus. Alguns foram batizados; outros até frequentaram a igreja durante uma época ou por muito tempo. Mas então, gradualmente, a história de Jesus tomou-se apenas uma história. A igreja transformou-se em uma obrigação, a Eucaristia num ritual. Em algum momento, tudo transformou-se em uma lembrança doce ou amarga. Em algum momento, algo morreu dentro deles. E por que alguém que nos conhece bem deveria, de repente, acreditar no que estamos falando quando voltamos da Eucaristia?

Esta é a razão por que não é somente a Eucaristia, mas a *vida eucarística* que faz a diferença. Todos os dias, sim, a cada momento do dia, há a dor das nossas perdas e a oportunidade para ouvirmos uma palavra que nos pede para escolhermos viver estas perdas como um caminho para a glória. Todos os dias, também, há a possibilidade de convidarmos o estranho para dentro da nossa casa e deixá-lo partir o pão para nós. A celebração eucarística resumiu para nós o que é a nossa vida de fé e devemos ir para casa para vivermos isto da maneira mais duradoura e plena possível. E isto é muito difícil, pois todos em casa nos conhecem muito bem: nossa impaciência, nossos ciúmes, nossos ressentimentos e nossas variadas artimanhas. E há, então, nossos relacionamentos rompidos, nossas promessas não cumpridas e nossas obrigações não realizadas. Podemos afirmar, de fato, que o encontramos na estrada, recebemos seu corpo e sangue e tornamo-nos Cristos vivos? Todos em casa estão prontos para nos testar.

Mas há ainda outra coisa. Há uma grande surpresa que espera pelos dois viajantes animados, que entraram correndo na sala onde seus amigos encontravam-se reunidos... ansiosos por contar as novas. Estes amigos já sabiam de tudo! As boas-novas que traziam não eram novas, afinal. Antes que tivessem ao menos uma chance de contar sua história, os onze e seus companheiros disseram: "O Senhor ressuscitou de verdade e apareceu a Simão". Chega a ser engraçado. Eis que chegam, correndo e sem fôlego, excitados, somente para descobrirem que aqueles que permaneceram na cidade já sabiam das notícias, apesar de não terem se encontrado com Ele na estrada ou sentado à mesa com Ele. Jesus aparecera a Simão, e Simão era muito mais crível do que estes dois discípulos que não ficaram com eles, mas seguiram para casa acreditando que tudo estava terminado. Ficaram contentes ao ouvir sua história, porém era apenas outra confirmação de que Ele estava, de fato, vivo.

Há muitas maneiras nas quais Jesus aparece e muitas maneiras através das quais deixa-nos saber que está vivo. O que celebramos na Eucaristia acontece de muitas maneiras diferentes daquelas que imaginamos. Jesus, que já nos deu o pão, tocou os corações de outras pessoas muito antes de encontrar-se conosco na estrada. Chamou alguém pelo nome, e esta pessoa sabia quem a chamava; Ele mostrou seus ferimentos a algumas pessoas e sabiam que tratava-se dele. Temos as nossas histórias para contar, e é importante que as contemos, porém estas não são as únicas histórias que existem. Temos uma missão a cumprir e é bom que estejamos entusiasmados com ela, mas primeiro temos que ouvir o que os outros têm a dizer. Só então nossas histórias podem ser contadas e ouvidas com alegria.

Todas estas coisas apontam em direção à comunidade. Os dois amigos, que foram capazes de falar um ao outro acerca dos seus corações ardentes, começavam a desenvolver um novo relacionamento entre si, uma relação edificada sobre a comunhão que ambos haviam experienciado. Sua comunhão com Jesus foi, de fato, o início de uma comunidade. Mas, não apenas o começo. Era necessário que se encontrassem com outras pessoas que também acreditavam que Ele ressuscitara, que também haviam-no visto ou ouvido que estava vivo. Precisavam ouvir suas histórias, cada uma diferente das outras, e descobrir as muitas maneiras nas quais Jesus e seu Espírito atua entre o seu povo.

É tão fácil limitar Jesus ao *nosso* Jesus, à nossa experiência do seu amor, à nossa maneira de conhecê-lo. Mas Jesus nos deixou a fim de enviar o seu Espírito, e seu Espírito sopra onde Ele deseja. A comunidade de fé é o local onde muitas histórias sobre Jesus estão sendo contadas. Estas histórias podem ser muito diferentes umas das outras. Podem até parecer conflitantes. Mas, à medida que ouvimos atentamente a manifestação do Espírito através de várias pessoas, em palavras assim como no silêncio, através da confrontação como, também, do convite, na ternura como na firmeza, nas lágrimas assim como nos sorrisos – podemos, então, discernir, pouco a pouco, que pertencemos juntos, como um só corpo urdido pelo Espírito de Jesus.

Na Eucaristia somos solicitados a deixarmos a mesa e procurarmos nossos amigos a fim de descobrirmos com eles que Jesus está verdadeiramente vivo, e que nos chama para que, juntos, nos tornemos um novo povo – o povo da ressurreição.

Aqui termina a história de Cléofas e dos seus amigos. Ela finaliza com os dois amigos contando sua história aos onze e seus companheiros. A missão, porém, não termina aqui; ela mal começou. A narração da história dos acontecimentos da estrada e ao redor da mesa é o início de uma vida missionária, vivida ao longo de todos os dias das nossas vidas até que nos encontremos novamente, frente a frente, com Ele.

Formar uma comunidade com a família e os amigos, construir um corpo de amor, moldar o novo povo da ressurreição: tudo isso não é somente para que possamos viver uma vida que esteja segura das forças obscuras que dominam o nosso universo; é, ao contrário, desse modo para que sejamos capazes de juntos anunciarmos a todas as pessoas, jovens e idosas, brancas e negras, pobres e ricas, que a última palavra não é da morte, que a esperança é uma realidade e que Deus está vivo.

A Eucaristia é sempre uma missão. A Eucaristia que libertou-nos da nossa sensação paralisante de perda e revelou-nos que o Espírito de Jesus vive dentro de nós, nos dá forças para sair ao mundo e evangelizar os pobres, anunciar a recuperação da vista aos cegos, a libertar os oprimidos e a proclamar a graça do Senhor para todo o seu povo. Mas não somos enviados sozinhos; somos enviados com os nossos irmãos e irmãs que sabem também que Jesus habita dentro deles.

O movimento que brota da Eucaristia é o movimento da comunhão à comunidade e ao sacerdócio. Nossa experiência da comunhão envia-nos, primeiro, aos nossos irmãos e irmãs para partilharmos com eles nossas histórias e construirmos ao seu lado um corpo de amor. Então, como uma comunidade, podemos movimentar-nos em todas as direções e nos voltarmos para todas as pessoas.

Sou profundamente consciente da minha própria tendência de querer saltar da comunhão e ao sacerdócio sem formar uma comunidade. Meu individualismo e desejo de sucesso pessoal vez ou outra tenta-me a fazê-lo sozinho e de reclamar a tarefa do sacerdócio para mim mesmo. Mas o próprio Jesus não pregou e curou sozinho. Lucas, o evangelista, nos conta como passou a noite em comunhão com Deus, a manhã para formar a comunidade com os doze apóstolos e a tarde em que saiu com eles pregando para as multidões. Jesus nos chama para a mesma sequência: da comunhão à comunidade ao sacerdócio. Ele não deseja que estejamos sós. Ele nos envia juntos, dois a dois, nunca sozinhos. E podemos, portanto, testemunhar como pessoas que pertencem a um corpo de fé. Somos enviados para ensinar, curar, estimular e oferecer esperanças ao mundo – não como um exercício da nossa única habilidade, mas como a expressão da fé que todos temos para dar e que nasce daquele que nos uniu.

A vida vivida eucaristicamente é sempre uma vida de missões. Vivemos em um mundo que chora suas perdas: as guerras impiedosas que destroem pessoas e seus países, a fome dizimando populações inteiras, o crime e a violência ameaçando milhares de homens, mulheres e crianças. O câncer e a Aids, cólera, malária e muitas outras doenças devastando os corpos de inúmeras pessoas; terremotos, enchentes e desastres de automóveis... é a história da vida cotidiana enchendo os jornais e tomando conta das telas de TV. É um mundo de perdas constantes, e muitos, se não a maioria, dos nossos pares caminham com seus rostos abatidos sobre a superfície deste planeta. Dizem: "Tínhamos esperanças... porém as perdemos".

Este é o mundo para o qual somos enviados a viver eucaristicamente, ou seja, a viver com nossos corações ardentes, de olhos e ouvidos abertos. Parece uma missão impossível. O que pode fazer este pequeno grupo de pessoas que encontrou-o na estrada, no jardim ou próximo ao lago em um mundo tão obscuro e violento? O mistério do amor de Deus é que os nossos corações ardentes e nossos ouvidos e olhos receptivos serão capazes de descobrir que aquele que conhecemos na intimidade dos nossos lares continua se revelando a nós entre os pobres, os enfermos, os que têm fome, os oprimidos, os refugiados e todas as pessoas que vivem sob o signo do medo.

Passamos a perceber que a missão não se trata somente de ir e dizer às outras pessoas acerca do Senhor ressuscitado; trata-se, também, de receber este testemunho daqueles aos quais somos enviados. Imagina-se, com frequência, a missão em termos de dádiva, de entrega, porém a verdadeira missão é, também, receber. Se é verdade que o Espírito de Jesus sopra onde Ele deseja, não existe ninguém que não possa dar este Espírito. A missão somente é possível quando considerada tanto como uma doação quanto como uma recepção; significa tanto ser cuidado quanto cuidar. Somos enviados aos enfermos, aos moribundos, aos deficientes, aos prisioneiros e aos refugiados para trazer-lhes as boas-novas da ressurreição do Senhor. Mas logo estaremos esgotados se não recebermos o Espírito do Senhor daqueles aos quais somos enviados.

Este Espírito, o Espírito do amor, está oculto em sua pobreza, em sua fragilidade e angústia. É por esta razão que Jesus disse: "Bem-aventurados os pobres de espírito, bem-aventurados os que sofrem perseguição por amor da justiça e bem-aventurados os que choram". Cada vez que buscamos nos aproximar deles – independentemente de perceberem isto ou não – seremos abençoados pelo Espírito de Jesus, transformando-nos em nossos próprios pregadores. Sem esta mutualidade entre dar e receber, a missão e o sacerdócio tornam-se facilmente manipuláveis ou violentos. Quando somente um dá e o outro recebe, o doador logo se transformará em um opressor e os recebedores, em vítimas. Mas, quando o doador recebe e o recebedor dá, o círculo do amor – que teve início na comunidade dos discípulos – pode crescer e ser grande como o mundo.

É parte da essência da vida eucarística fazer crescer este círculo do amor. Após entrar em comunhão com Jesus e criar uma comunidade com aqueles que sabem que Ele está vivo, podemos agora nos unir aos muitos viajantes solitários e ajudá-los a descobrir que eles também têm o dom do amor para partilhar. Não tememos mais sua tristeza e dor, e podemos perguntá-los, simplesmente: "Que conversa é essa que tendes entre vós enquanto caminhais?" E ouviremos suas histórias de solidão, medo, rejeição, tristeza e abandono imensos. Devemos ouvir, muitas vezes durante um longo tempo, mas existem também oportunidades para dizer através de palavras ou gestos simples: "Não sabiam que aquilo sobre o qual se queixam pode ser vivido, também, como um caminho para algo novo? Talvez seja impossível mudar o que aconteceu com vocês, mas ainda são livres para escolher como viver suas vidas".

Nem todos nos ouvirão e somente alguns nos convidarão para dentro das suas vidas a fim de nos unirmos a eles à sua mesa. Somente poucas vezes será possível oferecer o pão da vida e curar, verdadeiramente, um coração desesperançado. O próprio Jesus não curou todas as pessoas, nem tampouco mudou a vida de todos. A maioria das pessoas simplesmente não acredita que mudanças radicais sejam possíveis e não são capazes de confiar nos estranhos quando os encontram. Mas todas as vezes em que ocorre um encontro verdadeiro que conduz do desespero à esperança e da amargura à gratidão, veremos um pouco das nuvens escuras se dissipando e a vida, mais uma vez, ultrapassando os limites da morte.

Esta é – e continua sendo – a experiência daqueles que vivem uma vida eucarística. Entendem como sua missão desafiar insistentemente seus companheiros de viagem a escolher a gratidão no lugar do rancor, assim como a esperança ao invés do desespero. Suas vidas passam a valer a pena de ser vividas todas as vezes em que este desafio é aceito. Ver um sorriso romper entre as lágrimas é testemunhar um milagre – o milagre da alegria.

Estatisticamente nada disto é muito interessante. Aqueles que perguntam: "De quantas pessoas você conseguiu se aproximar? Quantas mudanças foi capaz de provocar? Quantas doenças curou? Quanta alegria foi capaz de transmitir?" sempre receberão respostas frustrantes. Jesus e seus seguidores não fizeram muito sucesso. O mundo é ainda um universo obscuro, cheio de violência, corrupção, opressão e exploração. Sempre será assim! A questão não é: "Quantos e em quanto tempo", porém, "Onde e quando?" Onde a Eucaristia está sendo celebrada, onde estão as pessoas que se reúnem ao redor da mesa e juntas partem o pão, e quando isto acontece?

O mundo encontra-se sob o domínio do mal. O mundo não reconhece a luz que brilha na escuridão. Jamais reconheceu; jamais reconhecerá. Mas há pessoas que, apesar deste mundo, vivem com a certeza de que Ele está vivo e habita dentro de nós, que Ele superou o poder da morte e que abre o caminho à glória. Existem pessoas que se reúnem, que sentam ao redor da mesa e fazem o que ele fez, em sua memória? Existem pessoas que continuam contando histórias de esperança umas às outras e, juntas, saem para assistir aos seus pares, não buscando solucionar todos os problemas, mas tentando trazer um sorriso para um moribundo e um pouco de esperança para uma criança solitária?

A vida eucarística é feita de eventos pequenos e pouco espetaculares, mas ela é como o fermento, a semente de mostarda, como um sorriso de um bebê. E o que mantém a fé, a esperança e o amor vivos em um mundo que encontra-se constantemente à beira da autodestruição.

A Eucaristia é, às vezes, celebrada com grande pompa em catedrais e basílicas esplêndidas. Porém, com uma frequência maior, ela é um evento "menor" sobre o qual apenas algumas pessoas sabem. Acontece em uma sala de estar, na cela de uma prisão, em um sótão – em lugares distantes dos movimentos do mundo. Acontece secretamente, sem as vestimentas, as velas ou o incenso. Acontece com gestos tão simples que as pessoas de fora nem sabem que está acontecendo. Mas maior ou menor, festivo ou resguardado, é o mesmo evento, revelando que a vida é mais forte que a morte e que o amor, mais forte que o medo.

Conclusão

A palavra "Eucaristia" significa, literalmente, "ação de graças". Uma vida eucarística é aquela que é vivida em gratidão. A história dos amigos caminhando para Emaús – que é, também, a nossa história – mostrou que a gratidão não é uma atitude óbvia em relação à vida. A gratidão precisa ser descoberta e vivida com grande reflexão interior. Nossas perdas, nossas experiências de rejeição e abandono, e nossos muitos momentos de desilusão nos conduzem, insistentemente, à raiva, à amargura e ao ressentimento. Quando permitimos, simplesmente, que os fatos "falem" por si, existirão sempre fatos o suficiente para convencer-nos que a vida, enfim, a nada conduz e que cada tentativa para vencer este destino é somente um sinal de ingenuidade profunda.

Jesus ofereceu-nos a Eucaristia a fim de nos possibilitar escolher a gratidão. É uma escolha que nós mesmos temos que fazer. Ninguém pode fazê-la por nós. Mas a Eucaristia nos estimula a rogar a Deus por misericórdia, a ouvir as palavras de Jesus, a convidá-lo para dentro do nosso lar, a entrarmos em comunhão com Ele e a anunciarmos as boas-novas ao mundo; colocando-nos diante da possibilidade de gradualmente abrirmos mão dos nossos muitos ressentimentos e escolher sermos gratos. A celebração eucarística nos convida a tomarmos esta atitude. Em nossas vidas diárias temos inúmeras oportunidades para sermos gratos ao invés de rancorosos. De início talvez não reconheçamos estas oportunidades. Antes de as percebermos totalmente, talvez já tenhamos dito: "Isto é demais para mim. Não tenho escolha a não ser dar vazão à minha raiva e deixar que ela venha à tona. A vida é injusta e não sou capaz de agir como se não fosse". Há, entretanto, sempre a voz que, vez ou outra, sugere que estamos com os olhos vendados pela nossa própria compreensão e que somos nós mesmos que nos arrastamos para o buraco. É a voz que nos chama de "tolos", a voz que nos pede para darmos uma olhada totalmente nova em nossas vidas, um olhar que não vem de baixo, onde contamos nossas perdas, mas de cima, onde Deus nos oferece sua glória.

A Eucaristia – ou ação de graças – vem do alto. É a dádiva que não somos capazes de fabricar para nós mesmos. É para ser recebida. É oferecida espontaneamente e pede para ser recebida espontaneamente. É aí que se encontra a escolha! Podemos escolher deixar o estranho continuar sua viagem e permanecer, deste modo, um estranho. Mas podemos, também, convidá-lo para dentro da nossa existência mais íntima, deixando-o tocar cada parte do nosso ser, transformando, então, nossos rancores em gratidão. Não somos obrigados a fazer isto. Na realidade, a maioria das pessoas não o faz. Mas, a partir do momento que fazemos esta escolha, tudo, até mesmo as coisas mais triviais, tornam-se novas. Nossas vidas pequenas tornam-se grandes – parte da atuação misteriosa da salvação de Deus. Uma vez que isto acontece, nada mais é acidental, casual ou fútil. Até o evento mais insignificante exprime a linguagem da fé, da esperança e, acima de tudo, do amor. Esta é a vida eucarística, a vida na qual tudo se transforma em uma maneira de dizermos "obrigado" a Ele que juntou-se a nós em nosso caminho.

EDITORA VOZES LTDA.
Rua Frei Luís, 100 – Centro – Cep 25689-900 – Petrópolis, RJ
Tel.: (24) 2233-9000 – E-mail: vendas@vozes.com.br